SANTO AFONSO DE LIGÓRIO

O RETIRO ESPIRITUAL
Sobre a utilidade do retiro espiritual feito em recolhimento

EDITORA
SANTUÁRIO

Titulo original: Sull'utilità degli esercizi spirituali fatti in solitudine
LIGUORI, S. Alfonso Maria de. Opere Ascetiche. Vol. III. Torino: Pier Giacinto Marietti, 1880, p. 609-617.

SANTO AFONSO DE LIGÓRIO

O RETIRO ESPIRITUAL
Sobre a utilidade do retiro espiritual feito em recolhimento

Carta a um jovem estudioso, que está deliberando sobre a eleição de um estado de vida, onde se fala do grande proveito que se tira dos exercícios espirituais feitos em recolhimento.
Nápoles, Paci Editor, 1771

Tradução
Pe. Claudiberto Fagundes, CSsR.

Revisão
Pe. Vítor Edézio Tittoni Borges, CSsR.

DIREÇÃO EDITORIAL:	Pe. Fábio Evaristo R. Silva, C.Ss.R.
	Pe. José Luís Queimado, C.Ss.R.
CONSELHO EDITORIAL:	Cláudio Anselmo Santos Silva, C.Ss.R.
	Edvaldo Manoel Araújo, C.Ss.R.
	Ferdinando Mancilio, C.Ss.R.
	Gilberto Paiva, C.Ss.R.
	Marco Lucas Tomaz, C.Ss.R.
	Victor Hugo Lapenta, C.Ss.R.
COORDENAÇÃO EDITORIAL:	Ana Lúcia de Castro Leite
TRADUÇÃO	Claudiberto Fagundes, C.Ss.R.
REVISÃO:	Vítor Edézio Tittoni Borges, C.Ss.R.
COPIDESQUE:	Kalima Editores
DIAGRAMAÇÃO:	Kalima Editores
CAPA:	Mauricio Pereira

Dados Internacionais de Catalogação na Publicação (CIP) de acordo com ISBD

L726r Ligório, Santo Afonso de

O Retiro Espiritual: sobre a utilidade do retiro espiritual feito em recolhimento / Santo Afonso de Ligório ; traduzido por Claudiberto Fagundes. - Aparecida : Editora Santuário, 2023.
64 p. ; 12,5cm x 17,5cm.

Tradução de: Sull'utilità degli esercizi spirituali fatti in solitudine
ISBN: 978-65-5527-299-4

1. Religião. 2. Cristianismo. 3. Retiro. 4. Espiritualidade. 5. Oração. 6. Santo Afonso. I. Fagundes, Claudiberto. II. Título.

2023-429

CDD 240
CDU 24

Elaborado por Vagner Rodolfo da Silva - CRB-8/9410

Índice para catálogo sistemático:
1. Religião : Cristianismo 240
2. Religião : Cristianismo 24

1ª impressão

Todos os direitos em língua portuguesa
reservados à **EDITORA SANTUÁRIO** – 2023

Rua Pe. Claro Monteiro, 342 – 12570-045 – Aparecida-SP
Tel.: 12 3104-2000 – Televendas: 0800 - 0 16 00 04
www.editorasantuario.com.br
vendas@editorasantuario.com.br

CONTEÚDO

Introdução 9
Bibliografia.. 18
1. "Devo ao retiro a minha conversão" 23
2. O retiro é uma iluminação 25
3. O retiro é diálogo face a face com Deus 27
4. Deus não fala no meio do tumulto do mundo 31
5. No recolhimento Deus pode conversar conosco com intimidade... 33
6. Retiro é momento de regar e renovar o espírito 37
7. Retiro é momento de alegria e de paz 39
8. Recolhimento não é ficar sozinho 41
9. Quem sai do retiro já sai diferente e melhor 43
10. Retiro é momento de conversão.......................... 47
11. O retiro é uma fábrica de santos 49
12. "Não vamos esperar que baixe do céu um anjo..." .. 53
13. Rezar com abertura de coração 55

14. Deixar as distrações do lado de fora......................57
15. "Mostra-me, Senhor, os teus caminhos" 59

INTRODUÇÃO

Esta pequena obra de Santo Afonso se tornou referência sobre a importância dos retiros espirituais, como bem reconheceu Pio XI na Encíclica *"Mens nostra de usu excercitiorum espiritualium magis magisque promovendo"* (Nossa posição sobre os retiros espirituais e sua sempre maior promoção) quando chama o livrinho afonsiano de "uma belíssima carta". Ocupa o número 85 no catálogo Ferrero-Bolland[1] dos 128 escritos de Santo Afonso e foi publicado em Nápoles, em 1771, pelo editor Paci como apêndice à obra *Sermoni Compendiati*, trazendo o título sugestivo de "Lettera ad un giovine studioso, che sta deliberando sovra l'elezione dello stato; e qui si parla del gran profitto, che si ricava degli Esercizj spirituali in solitudine", ou seja, "Carta a um jovem estudioso que está deliberando sobre a escolha de um estado de vida; e aqui se fala do grande

---
1 Conferir em: VIDAL, Marciano. *Afonso de Ligório*: o triunfo da benignidade frente ao rigorismo. Vol. 4. Aparecida: Santuário, 2023, p. 495-496.

proveito que se tira dos Exercícios Espirituais feitos em recolhimento".

De fato, Santo Afonso foi um apaixonado pelos retiros espirituais, como bem sintetizou o Pe. Ségalen[2] (1922-2010):

> E, primeiramente, abramos uma carta escrita por ele no fim de sua vida, uma carta em que lembra a importância dos retiros espirituais para um cristão: *"Meu jovem amigo, você me pergunta como escolher um estado de vida. Vá fazer um retiro fechado. Não espere que um anjo venha lhe mostrar a carreira que deve seguir para corresponder ao desígnio de Deus sobre você. Os exercícios espirituais foram instituídos, primeiramente, para esclarecer a escolha de um estado de vida, porque desta escolha depende a salvação de cada um. Eu lhe faço uma confidência: sou muito apegado aos retiros fechados, pois é a eles que devo minha conversão e a resolução que tomei de me consagrar a Deus"*.

Afonso tem a experiência dos retiros: eles marcaram sua vida e, muito especialmente, sua vida de jovem. Sabemos que a mãe de Santo Afonso era uma mulher piedosa, deu-lhe o gosto da oração. Seu pai era um cristão con-

---

[2] SÉGALEN, Jean-Marie. *Orar 15 dias com Santo Afonso*. Aparecida: Santuário, 1996, p. 19-23.

O RETIRO ESPIRITUAL

victo, levou-o consigo, com a idade de 18 anos, para fazer um primeiro retiro fechado com os padres jesuítas. Foi em 1714. Ele se dá a Deus. A fundo. Depois, ano após ano, faz regularmente um retiro, com os jesuítas ou com os lazaristas, o mais frequentemente durante a Semana Santa. Mas, com o tempo, seu fervor se esfria. Ao menos é sua opinião. A opinião de um santo comprometido com a vida profissional, social, política. No decurso de um retiro de oito dias, durante a Semana Santa de 1722, com os lazaristas, ele se recupera. Seu biógrafo, o Pe. Tannoia, anota então: "A graça que o perseguia e recusava deixá-lo – e não cessava de bater à porta de seu coração –, a graça o fez ver quanto tinha decaído de seu primeiro amor; e que o mundo não o saciava com as vagens da parábola; que Deus tinha passado para o segundo plano de seus afetos; e que ele não tomava lugar à mesa Sagrada senão como conviva saciado com outra coisa e sem vontade. Foi a chuva da noite sobre uma terra seca, mas não queimada. E eis que retomam vigor os germes de piedade que os espinhos das paixões começavam a abafar. Imediatamente a luz de Deus invadiu Afonso; ele chora seu afastamento e, resoluto, promete ao Senhor deixar o caminho em que inconsideradamente se encaminhara" (REY-MERMET[3], 122).

---

3 REY-MERMET, Théodule. *Afonso de Ligório*: uma opção pelos abandonados. Aparecida: Santuário, 1984.

"Até sua morte, Afonso proclamará que estes santos exercícios de 1722 foram a maior misericórdia de Deus em sua vida" (REY-MERMET, 123). No ano seguinte, durante seu retiro da Semana Santa, renuncia definitivamente ao casamento e, também, a seu direito de primogenitura. O *"jovem homem rico"* de Nápoles escolheu, então, dar seus bens – deixar tudo para seguir Jesus. Mais tarde, escrevendo seus *Cânticos espirituais*, ele se lembrará: *"Ó mundo, oferece-me tudo, tua oferta será em vão; vai, lança aos insensatos o objeto de seus desejos, louca embriaguez do mundo e prazeres culpáveis, vós não tereis meu coração; um outro Bem o prende..."* (REY-MERMET, 122).

Afonso leva os outros para este caminho do Evangelho. Assim, após o retiro de 1723, um punhado de amigos decide fazer junto com ele, cada mês, três ou quatro dias de retiro "monástico" fora de Nápoles. Mais tarde, tornado fundador do instituto religioso missionário dos redentoristas, quererá que cada casa possa se tornar uma casa de retiro. E, muitas vezes, nestas comunidades pobres, os jovens religiosos de sua congregação colocarão seus próprios quartos à disposição dos retirantes, leigos ou padres, que vêm fazer os exercícios espirituais. Sua convicção sobre a importância dos retiros era forte. Ele escreverá o seguinte: *"Após a graça do batismo e a de uma boa morte, não há graça maior que a de um bom retiro"*.

Santo Afonso insiste sobre as condições do verdadeiro retiro: a solidão, deixar tudo por Deus, caminhar em sua presença, penetrar no deserto com o Senhor. "O deserto é belo", dirá mais tarde o pequeno príncipe de Saint-Exupéry (1890-1944). "O que o embeleza é que ele esconde um poço em algum lugar." Ora, este poço, em que Afonso encontra a água viva em tempo de retiro, é a palavra de Deus, o Verbo feito carne, o filho de Maria. Ele o acolhe, escuta-o, põe-se a caminho em seu seguimento. Com amor: *"As pregações que se fazem nas igrejas são sempre boas; mas, se os que têm a felicidade de ouvi-las não se aplicam em refletir sobre o que ouviram, retiram pouco fruto: são as reflexões que geram as santas resoluções; e estas reflexões não se farão jamais como devem ser feitas, se não se fazem na solidão. Quando a concha recebe o orvalho do céu, ela logo se fecha e desce ao fundo do mar; é assim que ela forma a pérola. E incontestável que o que aperfeiçoa o fruto dos exercícios é meditar em silêncio, a sós com Deus, as verdades que se ouvem no sermão ou que se leem num livro"*.

E, além disso, Santo Afonso também foi um especialista e promotor dessa prática, que era muito presente na Nápoles do séc. XVIII (REY-MERMET, 38); seu pai... "Todos os anos faz seu retiro com os jesuítas" (50); aos quais levava o filho todos os anos (117); desde o primeiro, em 1714 (118); até o mais famoso e decisivo: "Na tarde do sábado de 28 de março de 1722, nas primeiras vésperas de Ramos, uns quarenta senhores entram em pequenos grupos no convento dos Padres da Missão – os lazaristas – da praça das Virgens: eram das famílias Carafa, Filomarino, Spinelli, Ruffo, os três jovens irmãos Capecelatro: José, Carlos e Francisco, o 'senhor José de Ligório e Afonso, seu filho'. Para oito dias de retiro fechado, no silêncio, diante de Deus só. Foi Francisco Capecelatro, duque de Casabona, íntimo de Afonso, quem o animou a ir. Simples desejo de partilhar com um amigo um tempo forte da fé, ou mão estendida a um irmão que sente escorregar? A vida dos santos está tecida de graças decisivas que trazem nomes e rostos humanos" (121-122); retiro que Afonso renova no ano seguinte: "A Semana Santa de 1723 torna a ver Afonso no retiro do padre Cuttica, do domingo de Ramos, 20 de março, ao Aleluia pascal. Ele reaviva seu propósito de 'não ter mais em mente senão Deus e sua salvação e de nem querer mais ouvir falar em casamento'. Na lógica dessa opção, que recusa garantir a linhagem dos Ligórios, dá um grande passo a mais: 'decide renunciar a seu direito de primogenitura em favor de seu irmão Hércules. Sem abandonar ainda a advocacia'. Não obtém ele a serviço da justiça, constantes sucessos?" (124); feito seminarista, o retiro era uma exigência, controlada, inclusive, com certificados (145; 170); um modelo para a missão popular: "naqueles tempos pré-industriais, os fiéis suspendiam os trabalhos para 'fazer sua missão', como quem entra em retiro fechado" (166); nos retiros Afonso fez as amizades mais duradouras: "Tudo começou sob ouro das folhas do outono de 1723. Esses neófitos da santidade cedo decidiram fazer juntos, cada mês, três ou quatro dias de retiro 'monástico' longe de Nápoles..." (188-189); usava os retiros para avivar a obra das Capelas do Entardecer: "Sua equipe de zelosos padres rivaliza sempre com ele, que é como que seu foco. Seus retiros mensais em sua casa de S. Januário Fora dos Muros garantem as comunicações e a coesão e avivam a chama do Espírito" (197; 207; 223); fazem Afonso experienciar a vida comunitária: "Que falta fazia-lhe a vida comunitária integral, com seus valores, aparentemente contraditórios, de solidão e de partilha, que saboreava com os amigos em seu 'retiro' mensal!" (202); a pedido de D. Falcoia, Afonso prega o retiro às irmãs de Scala, fato que mudará sua vida (233; 237; 238); é em um retiro aos religiosos que Afonso adoece (247); "pregador do Reino", é convocado a dirigir o importante retiro do clero de Nápoles (275); fundada a Congregação do Santíssimo Redentor, confiará às casas uma tríplice função: "A seu ver, suas casas tinham uma tríplice missão local: o exemplo evangélico de uma comunidade de santos reunidos em Cristo, a animação da vida devota dos fiéis dos arredores e o acolhimento de padres, ordinandos e leigos para pregar-lhes retiros fechados" (349); até realizar o sonho de uma casa especializada para retiros em Ciorani: "A grande casa de retiros recebeu o telhado no verão de 1741:

três andares de quartos em cima da cozinha e um grande refeitório. Afora os outros grupos, aí serão recebidos, quatro ou cinco vezes por ano, perto de cem padres por vez, conduzidos às vezes por seus bispos" (358); casa na qual recebe, um dia, para o retiro, seu pai, D. José (409); mas que não era a única, como escreve Afonso: "Em Deliceto, todos os anos se realizam muitos retiros aos ordinandos, aos padres e aos leigos..." (416); e, para todos, nas Missões: "Importa realçar aqui um dos traços maiores da mentalidade da consciência de Afonso: a responsabilidade é... dos responsáveis. Se convida, nas missões, os nobres para um retiro particular, não é absolutamente para adular sua classe social; é por causa do peso que representam suas decisões..." (422); e escreve nas 'Reflexões úteis aos bispos': Que bem não operaria um retiro pregado por V. Exa. a seu clero, e nele exortasse fortemente à frequência das congregações e à observância de suas regras e especialmente a dar atenção às missões!" (512); reúne seu material de pregador e o publica, em 1770, como livro intitulado "Selva de matéria para a pregação de retiros aos padres" (527); é sua recomendação usual: "Juntamente com a obediência aos superiores recomendo o amor para com Jesus Cristo, a devoção à santa Paixão, a oração mental, os exercícios espirituais e o dia de retiro usual. Quem ama a Jesus Cristo obedece, está contente com tudo e permanece sempre em paz" (665) ...

*

Em sua *Bibliografia Geral dos Escritores Redentoristas*[4], o Pe. Maurice de Meulemeester (1879-1961) completa os dados:

> 85. 1771, Lettera ad un giovine studioso, che sta deliberando sovra l'elezione dello stato; e qui si parla del gran profitto, che si ricava degli Esercizj spirituali in solitudine. Nápoles, Paci, em apêndice à obra "Sermoni Compendiati".

Trata-se de uma carta sobre a utilidade dos exercícios espirituais, dirigida a um estudante que está deliberando sobre a escolha de um estado de vida. Santo Afonso descreve as vantagens do retiro, especialmente, quando for necessário tomar uma decisão sobre o estado de vida a abraçar. O santo estima muito os exercícios feitos em solidão, "porque", diz ele, "reconheço que devo a esta santa prática a minha conversão e a resolução que tomei de deixar o mundo".

Vários exemplos citados são retirados das *"Notizie memorabili degli Esercizi Spirituali di Sant'Ignazio"* de Carlo Gregorio Rosignoli, s.j.; mas Santo Afonso propõe reflexões originais com seu tom particular e a

---

4 DE MEULEMEESTER, Maurice. *Bibliographie générale des écrivains rédemptoristes.* Vol. I. Haya-Lovaina, 1933-1939, p. 149-150.

argumentação viva que lhe é própria, dando, assim, uma marca muito pessoal a esta carta, na qual recorreu extensivamente a autores especializados no assunto.

A "Lettera ad un giovine studioso" foi citada por Pio XI na Encíclica "Mens nostra de usu excercitiorum espiritualium magis magisque promovendo", de 20 de dezembro de 1929, (vol. 21; p. 689-706). Nela, o Papa chama esta obra de Santo Afonso de *"pulcherrima quaedam epistola"* (uma belíssima carta).

A edição das obras completas de Santo Afonso (de Turim) dá a este pequeno tratado o título de *"Sull'utilità degli esercizi spirituali fatti in solitudine"*.

Lettera di S. A. 1770, 20 Abr.

Bibliografia

ANGOT DES ROTOURS, Jules. *St. Alphonse De Liguori (1696-1787)*. Paris, 1903, p. 29.

JANSEN, Johann Laurentius. *De H. A. en de gesloten retraiten*. In: *Nederlandse katholieke stemmen*, 1909, p. 23.

KEUSCH, Karl. *Die Aszetik des H. A. Fribourg*, 1924, p. 57.

ROMANO, Candido. *Delle opere di Sant'Alfonso Maria di Liguori. Saggio storico ricavato specialmente dalla Corrispondenza epistolare del Santo.* Roma, 1896, p. 212.

VILLECOURT, Clément. *Vie et institut de saint Alphonse-Marie de Liguori.* Tomo 4, p. 479.

WALTER, Aloysius. Saint Alphonse de Liguori et les retraites fermées. In: *Bibliothèque des Exercices*, Enghien, 1907, n. 10.

EDIÇÕES PÓSTUMAS: 1826, Monza, Corbetta, Sermoni, 3; 1831, Turim, Marietti, o. c. 16; 1833, Veneza, Antonelli, o. c. 28; 1847, Turim, Marietti, o. c. 3, Sull'utilità; 1867, Turim, Marietti, o. c. 3; 1907, Enghien, Spinet, in Bibliothèque des exercices, de Watrigant, S. J., com trad. dos exercícios em latim e francês.

*

Tradução das referências bíblicas para esta edição: Santo Afonso usa o texto da Vulgata, como era a norma. É bastante comum fundamentar a reflexão ou argumentação em uma palavra específica do texto bíblico conforme a versão latina que, por sua vez, nem sempre é conservada da mesma forma em traduções diretas dos originais. Sendo assim, utilizamos a clássica tradução da Vulgata feita pelo Pe. Figueiredo por considerarmos a mais apropriada para o contexto (mais que a do Pe. Mattos Soares, por exemplo), embora conscientes do estranhamento que seu léxico antigo pode causar em alguma passagem:

BÍBLIA SAGRADA. Rio de Janeiro: Delta, 1980. Tradução do Pe. Antônio Pereira de Figueiredo.

Sobre a utilidade do retiro espiritual feito em recolhimento

1. "DEVO AO RETIRO A MINHA CONVERSÃO"

Recebi sua carta informando-me de que você ainda não conseguiu decidir qual é o estilo de vida que deveria escolher e, tendo comunicado ao seu pároco o conselho que lhe dei, de fazer um retiro no sítio de seu pai, o dito padre respondeu que você não tinha necessidade de ir para lá e ficar esquentando a cabeça na solidão por uma semana, pois bastaria participar do retiro que ele mesmo estava para pregar ao povo na igreja. No entanto, já que você pediu novamente o meu parecer sobre essa questão do retiro espiritual, acho importante dar uma resposta mais fundamentada, mostrando, em primeiro lugar, como é mais proveitoso fazer o retiro espiritual em silêncio e em lugar isolado do que em público, tendo sempre que voltar para casa, onde prossegue a rotina de tratar e conversar com os parentes e amigos. E, mais ainda no seu caso, pois, como me escreveu, não tem um quarto separado para onde possa se retirar. Da minha parte, dou muito valor ao retiro espiritual e reconheço que devo a ele a minha conversão e a decisão de deixar o mundo. Em segundo lugar, gostaria de sugerir os meios e os cuidados com que deve fazer o retiro para alcançar os frutos desejados. Gostaria, por fim, que depois de ter lido esta minha carta, pedisse para o senhor pároco lê-la também.

2. O RETIRO É UMA ILUMINAÇÃO

Falemos, primeiramente, da grande utilidade do retiro feito com recolhimento, quando conversamos apenas com Deus, e vamos começar apresentando os motivos dessa utilidade. As verdades eternas, como, por exemplo, a grande importância da nossa salvação, o imenso valor do tempo que Deus nos concede para alcançarmos os méritos de nossa eternidade feliz, a obrigação que temos de amar a Deus por causa de sua infinita bondade e pelo amor imenso que tem para conosco, essas e semelhantes verdades não podemos ver com os olhos da carne, mas apenas com os olhos do entendimento. Também é certo que, se o nosso entendimento não apresentar à nossa vontade o valor do bem ou a deformidade do mal, nossa vontade jamais abraçará o bem ou fugirá do mal. Veja a perdição dos homens amarrados ao mundo: vivem envolvidos pelas trevas, por isso não reconhecem a intensidade dos bens e dos males eternos, são levados pelos sentidos, se entregam aos prazeres proibidos e, assim, se perdem miseravelmente. É por isso que o Espírito Santo nos avisa, para fugirmos dos pecados, da necessidade de termos diante dos olhos o nosso destino final, ou seja, a morte, quando acabarão para nós todos os bens da terra, e também o julgamento divino, quando prestaremos contas a Deus de nossa vida: *Em todas as tuas obras lembra-te dos teus novíssimos e nunca jamais pecarás* (*Eclo* 7, 40) e, em outra passagem: *Oxalá que eles tivessem sabedoria, e inteligência, e previssem os fins!* (*Dt* 32, 29). Com tais palavras quer nos fazer entender que, se os homens levassem em conta as coisas da outra vida, com certeza todos se preocupariam em se tornar santos e não correriam o risco de passar uma vida infeliz por toda a eternidade. Eles fecham os olhos para não ver a luz e, assim, cegos, se precipitam em tantos males. Por isso, os santos pediam tanto ao Senhor que lhes desse a luz: *alumia os meus olhos, para que eu não durma jamais na morte* (*Sl* 12, 4). *Faça resplandecer o seu rosto sobre nós, e tenha piedade de nós* (*Sl* 66, 2). *Faze-me conhecer o caminho em que hei-de andar* (*Sl* 142, 8). *Dá-me inteligência, e eu aprenderei os teus mandamentos* (*Sl* 118, 73).

3. O RETIRO É DIÁLOGO FACE A FACE COM DEUS

Mas, para alcançarmos essas luzes precisamos nos aproximar de Deus: *Chegai-vos a ele, e sereis iluminados (Sl 33, 6)*. Porque, escreve Santo Agostinho, assim como só podemos ver o sol com a luz do próprio sol, da mesma maneira só podemos ver a luz de Deus com a luz do próprio Deus: *Assim como só conseguirás ver o sol com a luz do próprio sol, da mesma forma, não poderás ver a luz do Senhor com a inteligência a não ser com a luz do próprio Senhor.* É no retiro espiritual que recebemos essas luzes, pois, no retiro, nos aproximamos de Deus e Deus nos ilumina com a sua luz. O retiro espiritual não é nada mais que se livrar, por algum tempo, das relações com o mundo e retirar-se para conversar face a face com Deus. É nesse momento que Deus fala conosco através de suas inspirações e nós falamos com Deus pela meditação e pelo amor a ele, nos arrependemos dos desgostos que lhe demos, nos oferecemos para servi-lo dali em diante com todo o amor, pedimos que nos faça conhecer a sua vontade e nos dê forças para realizá-la. Dizia Jó: *Porque agora dormindo estaria em silêncio, e descansaria no meu sono: Juntamente com os reis e conselheiros da terra, que fabricam para si solidões* (Jó 3, 13-14). Quem são esses reis que constroem para si solidões? São Gregório diz que são os que desprezam o mundo e se libertam dos tumultos mundanos para serem dignos de falar face a face com Deus: *Constroem lugares para se retirar, ou seja, na medida do possível, afastam-se do tumulto do mundo para ficarem sozinhos e se tornarem aptos para falar com Deus* (Moral. sobre Jó, loc. cit.). Certa vez, Santo Arsênio estava examinando os meios que deveria usar para se tornar santo quando Deus fez com que ouvisse estas palavras: Foge, Cala, Descansa: foge do mundo, deixa de falar com os homens e fala apenas comigo e assim descansa em paz no recolhimento. Nesse mesmo sentido, Santo Anselmo escreveu a alguém todo sobrecarregado pelas muitas atividades no mundo: *Foge um pouquinho das tuas ocupações, esconde-te por breve tempo do tumulto dos teus pensamentos; abre um pouco de espaço para Deus e descansa nele. Diz ao Senhor: Aqui estou. Ensinai o meu coração onde e de que maneira vos posso buscar, onde e de que maneira vos posso encontrar*. Palavras que também se aplicam perfeitamente a você: foge, diz o santo, por algum tempo, dessas atividades terrenas que te tornam inquieto e repousa com Deus no retiro. Diga a ele: Senhor, ensine-me onde e como eu posso te encontrar para conversarmos face a face e, ao mesmo tempo, eu consiga escutar as tuas palavras.

4. DEUS NÃO FALA NO MEIO DO TUMULTO DO MUNDO

É verdade que Deus fala com quem o busca, mas também é verdade que não fala no meio dos tumultos do mundo: *e o Senhor não estará no terremoto*, falou a Elias (*1Rs* 19,11), quando foi chamado por Deus à solidão. A voz de Deus, diz a mesma passagem no versículo 12, é como o assovio de uma brisa leve, *assopro duma branda viração*, que se faz ouvir, não pelos ouvidos do corpo, mas pelo ouvido do coração, sem estrépito e em um doce descanso. É isso que diz o Senhor por Oseias: *eu que a atrairei docemente a mim, e levarei à soledade: e lhe falarei ao coração* (*Os* 2, 14). Quando Deus quer atrair para si uma alma, leva-a para um lugar solitário, longe das intrigas do mundo e do trato com os homens, e aí lhe fala com suas palavras de fogo: *A tua palavra é ardente em grande maneira* (*Sl* 118, 140). As palavras de Deus são chamadas de palavras de fogo porque derretem a alma, como dizia a esposa dos Cânticos: *A minha alma se derreteu assim que ele falou* (Ct 5, 6), fazendo que seja facilmente governada por Deus e tome a forma de vida que Deus quer dela: em resumo, palavras eficazes e operativas, que, ao mesmo tempo em que se fazem ouvir, operam na alma aquilo que Deus pede dela.

5. NO RECOLHIMENTO DEUS PODE CONVERSAR CONOSCO COM INTIMIDADE

Certo dia o Senhor disse a Santa Teresa: *Como eu gostaria de falar com várias almas, mas o mundo faz tanto barulho no coração delas que a minha voz não pode ser ouvida. Quem dera se afastassem um pouco do mundo!* Assim também, meu caro, Deus quer falar com você, mas quer falar face a face na solidão, porque se falasse na sua casa, os parentes, os amigos e as atividades domésticas continuariam a fazer barulho no seu coração e você não conseguiria ouvir sua voz. É por isso que os santos deixaram sua pátria, sua casa e foram se esconder em grutas no deserto, ou em uma cela em alguma casa religiosa, para aí encontrar a Deus e escutar as suas palavras. Santo Euquério (*Carta a Santo Hilário*) conta que certa pessoa andava procurando um lugar onde pudesse encontrar a Deus. Com esse objetivo em mente, foi pedir conselhos a um diretor espiritual que o levou a um lugar solitário e depois lhe disse: "É aqui que se encontra a Deus". Não disse mais nada, dando a entender que Deus não se encontra no meio dos barulhos do mundo, mas na solidão. São Bernardo afirma que conseguiu melhor conhecimento de Deus entre os arvoredos e bosques que em todos os livros de ciências que tinha estudado. A tendência dos mundanos é estar sempre com os amigos, em conversas e diversões, enquanto o desejo dos santos é estar nos lugares solitários, no meio dos bosques, ou dentro das cavernas, para aí se ocuparem apenas em conversar com Deus, que, na solidão, fala e conversa com as almas com intimidade, como um amigo com outro amigo: *Ó solidão*, exclama São Jerônimo, *onde Deus trata e conversa com os seus na intimidade!* O venerável Pe. Vicente Carafa tinha o costume de dizer que, se pudesse escolher um desejo no mundo, iria querer apenas uma grutinha com um pedaço de pão e um livro de espiritualidade, para sempre aí viver afastado dos homens e ocupado apenas com Deus. O esposo dos Cânticos elogia a beleza da alma solitária e compara sua beleza àquela da rolinha: *As tuas faces têm toda a lindeza assim como a da rola* (Ct 1,9), precisamente, porque a rolinha evita a companhia dos outros passarinhos e vive sempre nos lugares solitários. É por isso que os santos anjos alegremente admiram a beleza e o esplendor da alma que sobe ao céu depois de viver escondida e retirada neste mundo, como em um deserto: *Quem é esta que sobe do deserto inundando delícias, e firmada sobre o seu amado?* (Ct 8,5).

6. RETIRO É MOMENTO DE REGAR E RENOVAR O ESPÍRITO

Quis escrever-lhe todas essas coisas para que você pegue amor pela solidão e espero que, no retiro que vai fazer, não fique entediado, como disse o senhor pároco, mas Deus lhe faça provar tantas delícias espirituais e saia tão apaixonado pelo retiro que não deixe de fazê-lo todos os anos. O retiro sempre será proveitoso para seu espírito em qualquer vocação que escolher pois, no meio do mundo, os negócios, os problemas e as distrações sempre ressecam o espírito e, por isso, precisamos, de vez em quando, regá-lo e renová-lo, como aconselha São Paulo: *Renovai-vos pois no espírito do vosso entendimento* (Ef 4,23). O rei Davi, sobrecarregado pelas atividades terrenas, queria levantar voo e fugir do meio do mundo para encontrar repouso: *Quem me dará asas como de pomba, e voarei e descansarei?* (Sl 54,7). Mas, como seu corpo não podia deixar o mundo, ao menos procurava, de tempos em tempos, fugir das intrigas do reino que governava, retirando-se para a solidão para conversar com Deus e, assim, encontrava a paz para o seu espírito: *Eis aqui me alonguei fugindo, e permaneci na soledade* (Sl 54,8). O próprio Jesus, que não tinha necessidade de solidão para se recolher com Deus, mesmo assim quis nos dar o exemplo, se libertando muitas vezes das relações com os homens e indo para o alto das montanhas e para os desertos, a fim de fazer sua oração: *E logo que a despediu, subiu só a um monte a orar. E quando veio a noite, achava-se ali só* (Mt 14,23). *Mas ele se retirava para o deserto, e se punha em oração* (Lc 5,16). E queria que os seus discípulos, depois do cansaço de suas missões, se retirassem para algum lugar solitário e descansassem o espírito: *Vinde, retirai-vos a algum lugar deserto, e descansai um pouco* (Mc 6,31). Com isso, estava declarando que, mesmo nas nossas ocupações espirituais, o espírito se enfraquece quando tem que trabalhar muito com as pessoas, por isso precisamos restaurá-lo no recolhimento.

7. RETIRO É MOMENTO DE ALEGRIA E DE PAZ

Os mundanos, muitos aficionados à diversão das conversas, aos banquetes e aos jogos, acham que no recolhimento, quando não há tais passatempos, todos sofram com tédio insuportável. Na verdade, isso acontece com aqueles que têm a consciência pesada por causa dos pecados. Quando essas pessoas estão ocupadas nas atividades do mundo, não pensam nas coisas da alma, mas quando ficam livres dessas atividades e se recolhem procurando apenas se encontrar com Deus, imediatamente vêm sobre elas os remorsos de consciência e, então, não acham descanso no recolhimento, mas tédio e desconforto. No entanto, me mostre uma pessoa que vá ao recolhimento procurando a Deus, ela não encontrará tédio, mas contentamento e alegria, como nos garante o sábio: *porque a sua conversação não tem nada de desagradável, nem a sua companhia nada de fastidioso, mas o que nela se acha, é satisfação e prazer* (*Sb* 8, 16), pois conversar com Deus não causa amargura e tédio, mas alegria e paz. Quando chegava o tempo das férias, e os outros cardeais iam para seus sítios se divertirem, o venerável cardeal Belarmino ia para uma casa isolada para fazer seu retiro de um mês, dizendo que essas eram as suas férias. Certamente, encontrava nesse retiro mais delícias para seu espírito do que todos os outros nos seus divertimentos. São Carlos Borromeu fazia o retiro espiritual duas vezes por ano e nele encontrava seu paraíso. Foi numa dessas vezes, enquanto estava fazendo o retiro no monte Varallo, que veio a sua última doença e o levou à morte. Também São Jerônimo costumava dizer que o recolhimento era o paraíso que encontrava nessa terra: *A solidão é o meu paraíso* (*Carta 4, a Rústico*).

8. RECOLHIMENTO NÃO É FICAR SOZINHO

Alguém poderá perguntar: que graça pode achar alguém em ficar sozinho sem ter ninguém para conversar? Não, responde São Bernardo, não fica sozinha no recolhimento a pessoa que vai em busca de Deus, porque nesse recolhimento o próprio Deus é sua companhia e a faz mais feliz do que se estivesse junto com os príncipes mais poderosos do mundo. O santo abade escreve: *O momento em que estive menos sozinho foi quando estive sozinho* (*Carta aos Irmãos do Monte de Deus*). O profeta Isaías descreve as doçuras que Deus faz experimentar a quem vai procurá-lo no recolhimento: *Consolará, pois, o Senhor a Sião, e consolará todas as suas ruínas: e mudará o seu deserto num como lugar de delícias, e a sua solidão num como jardim do Senhor. Nela se achará o gosto e a alegria, ação de graças e voz de louvor* (*Is* 51,3). O Senhor sabe muito bem dar consolações à alma que se retira do mundo: ele a recompensa com mil vezes mais alegrias que as alegrias mundanas que ela deixou; transforma o recolhimento em um jardim de delícias, onde encontra aquela paz capaz de saciar, pois não há o barulho do mundo, mas apenas ação de graças e louvor ao Deus que a trata com tanto carinho. Se no recolhimento houvesse apenas a alegria de conhecer as verdades eternas, isso já bastaria para fazê-lo muitíssimo desejável. As verdades eternas são aquelas que, quando são conhecidas, saciam a alma, muito diferentes das vaidades mundanas, que são bobeiras e enganação. Ora, é exatamente esta a grande satisfação que encontramos no retiro feito em silêncio: no retiro reconhecemos, com luz mais forte, as máximas eternas, o peso da eternidade, a deformidade do pecado, o valor da graça, o amor que Deus tem por nós, como os bens terrenos são vazios e como são loucos aqueles que, para adquiri-los, perdem os bens espirituais e acabam adquirindo, isso sim, uma eternidade de sofrimentos.

9. QUEM SAI DO RETIRO JÁ SAI DIFERENTE E MELHOR

O resultado é que quando a pessoa contempla tais verdades logo pensa nos meios mais eficazes para assegurar sua salvação eterna, entra em si mesma, como fala Jeremias: *Assentar-se-á solitário, e ficará em silêncio: porque levou este jugo sobre si (Lm 3,28)*. Então, desprendendo-se dos afetos terrenos, agarra-se a Deus com a oração e com a vontade de ser toda de Deus, oferecendo-se inteiramente, renovando os atos de arrependimento, de amor, de resignação e assim se eleva acima das coisas criadas, podendo rir dos que colocam seu afeto nos bens deste mundo, enquanto ela os despreza por reconhecer que são muito pequenos e indignos do amor de um coração criado para amar o bem infinito que é Deus. É certo que quem sai do retiro já sai muito diferente e melhor do que quando entrou. Para São João Crisóstomo, o retiro é uma grande ajuda para alcançar a santidade: *É um grande auxílio na busca pela perfeição*. Por isso, escreve um sábio doutor (citado por *Com*. p. 213), quando trata do retiro espiritual: *Feliz o homem que Cristo conduz do barulho do mundo para o retiro espiritual e o salutar recolhimento no descanso celestial*. Feliz daquele que é capaz de se desprender do barulho do mundo e se deixar levar pelo Senhor ao retiro, onde desfruta o recolhimento, uma prova das alegrias celestes! Todos os sermões pregados nas igrejas são bons, mas se os ouvintes não se esforçarem para meditar sobre eles, será muito pouco o fruto que alcançarão. São as reflexões que depois geram as santas decisões, mas as reflexões só podem ser feitas no recolhimento.

O fruto do retiro depende da meditação em silêncio.

Assim que a ostra recebe o orvalho do céu logo se fecha e desce para o fundo do mar, onde vai formar a pérola. Sem dúvida alguma, o que forma o fruto do retiro é precisamente a meditação em silêncio, conversando face a face com Deus sobre as verdades recebidas, quer nas conferências, quer na leitura espiritual. Por isso, quando São Vicente de Paulo pregava missões, sempre convidava seus ouvintes a fazerem um retiro fechado em algum lugar recolhido. Uma só passagem santa, bem refletida, basta para fazer um santo. São Francisco Xavier deixou o mundo por causa da impressão que lhe causou aquela passagem do Evangelho: *Porque, de que aproveita ao homem ganhar todo o mundo, se vier a perder a sua alma?* (Mt 16,26). Certo jovem estudante, movido por uma passagem sobre a morte, que lhe sugeriu um bom religioso, transformou sua vida desregrada em uma vida santa. São Clemente de Ancira, por uma outra passagem sobre a eternidade, repetida por sua mãe: *a questão pela qual lutamos é a vida eterna*, sofreu alegremente por Jesus Cristo os muitos tormentos com que o tirano mandou castigá-lo.

10. RETIRO É MOMENTO DE CONVERSÃO

Para ter a correta dimensão do bem que é capaz de gerar o retiro espiritual feito no recolhimento, peço que leia, se tiver, um livro sobre o assunto, as estupendas conversões ocasionadas pelos retiros espirituais. Vou trazer aqui algumas dessas conversões. O Pe. Maffei conta que, em Sena, vivia um sacerdote que dava muitos escândalos públicos. Aconteceu de passar pela cidade um missionário e o padre escandaloso participou do retiro pregado pelo missionário. Não só corrigiu suas atitudes e se confessou, mas, um dia, quando a igreja estava tomada por uma multidão, subiu ao púlpito com uma corda no pescoço e, chorando, pediu perdão a todos pelos escândalos que tinha dado. Depois disso, decidiu se tornar capuchinho e morreu com fama de santidade, afirmando que devia ao retiro espiritual todo o bem que recebeu. Também narra o Pe. Bartoli (*liv. 5*), que um cavaleiro alemão, abandonado a todos os vícios até ao ponto de chegar a entregar a alma ao demônio com pacto assinado em seu próprio sangue, fez depois o retiro e alcançou tanto arrependimento por seus pecados que perdeu os sentidos várias vezes devido à intensidade de sua dor, passando o resto da vida como penitente. Além disso, narra o Pe. Rossignolli (*Notic. mem. de Es. tom. 3.*) que, na Sicília, vivia o filho de um barão com atitudes tão dissolutas que, quando seu pai viu que eram inúteis todos meios que já tinha usado para corrigi-lo, foi obrigado a mandá-lo para as galés junto com os escravos acorrentados. Um bom religioso teve piedade dele, foi procurá-lo e, com muito jeito, conseguiu que, ali mesmo nas galés, meditasse as máximas eternas. Assim que conclui a meditação, o jovem pediu para fazer uma confissão geral e mudou tanto de vida que o pai o acolheu com alegria em sua casa e voltou a estimá-lo.

11. O RETIRO É UMA FÁBRICA DE SANTOS

Um jovem holandês que fez um retiro espiritual e se converteu da vida perdida que levava, disse então a seus amigos que ficaram espantados com isso: "Vocês ficaram espantados com a minha mudança, mas afirmo que até mesmo o demônio, se fosse capaz de fazer um retiro, se converteria à penitência". Um outro jovem, que era religioso, mas de atitudes tão más que ninguém conseguia aguentá-lo, recebeu ordens dos superiores para ir fazer um retiro. Enquanto estava indo, debochava e dizia aos amigos: "preparem os prêmios porque, quando eu voltar, não vai ter que chegue para mim". Mas, ao fazer o retiro, mudou tanto de vida que se tornou um exemplo para os outros religiosos pois, vendo aquela mudança, quiseram também todos eles fazerem o retiro espiritual. Alguns jovens, sabendo que seus amigos iam fazer o retiro espiritual, decidiram ir juntos, não para alcançar algum fruto, mas para debocharem das devoções dos outros em suas conversas. Porém, aconteceu justamente o contrário, pois foram tocados de tal maneira que romperam em lágrimas e gemidos, todos se confessaram e mudaram de vida. Fatos assim eu poderia citar aos milhares, mas não quero deixar passar o caso que aconteceu com uma religiosa do convento de Torre di Specchi, em Roma, que fazia pose de intelectual, mas levava vida muito longe da perfeição. Com muita má vontade, começou a fazer o retiro que estava acontecendo no convento. Mas, quando fez a primeira meditação sobre o fim do homem, ficou tão impressionada que começou a chorar e disse: "Padre, quero ser santa e ser santa depressa". Queria dizer mais coisas, mas as lágrimas não lhe deixaram falar. Retirou-se para sua cela e escreveu em um papel que se entregava inteiramente a Jesus Cristo, levou uma vida penitente e retirada e assim viveu até a morte. Se não houvesse outro motivo para reconhecer a importância do retiro espiritual, bastaria ver a estima que tantos santos têm por ele. São Carlos Borromeu começou a viver uma vida santa a partir da primeira vez em que fez um retiro em Roma. São Francisco de Sales reconhece, no retiro, o início de sua santa vida.

O santo Pe. Luís Granada dizia que não seria suficiente toda a vida para explicar os novos conhecimentos das coisas eternas que tinha descoberto na prática do retiro. O Pe. Ávila chama o retiro de escola da sabedoria celestial e queria que todos os seus orientados fizessem os retiros. O Pe. Luís Blósio, beneditino, dizia que era preciso agradecer muito a Deus por, nesses últimos tempos, ter manifestado o tesouro dos retiros à sua Igreja.

12. "NÃO VAMOS ESPERAR QUE BAIXE DO CÉU UM ANJO..."

Mas, se o retiro espiritual é útil para as pessoas de todos os estados de vida, é de especial importância para quem deseja escolher o estado de vida que deve abraçar. Encontrei a informação de que o primeiro objetivo para o qual foram instituídos os retiros espirituais foi precisamente o de escolher o estado de vida, pois dessa escolha depende a eterna salvação de cada um. Não vamos esperar que baixe do céu um anjo para nos indicar o estado de vida que, segundo a vontade de Deus, devemos escolher. Basta ter diante dos olhos o estado que temos a intenção de escolher, considerar o nosso objetivo ao fazer tal escolha e avaliar as circunstâncias desse mesmo estado.

13. REZAR COM ABERTURA DE CORAÇÃO

Esse é o principal motivo que me faz querer que você faça o retiro em silêncio, ou seja, para decidir o estado de vida que deve escolher. Para tanto, peço que quando tiver iniciado o retiro, como espero que faça, coloque em prática as coisas que agora acrescento. Em primeiro lugar, o único objetivo que você deve ter no retiro é conhecer o que Deus quer de você. Por isso, quando estiver indo para aquela casa solitária, vá dizendo consigo mesmo: *Eu ouvirei o que o Senhor Deus me falar* (Sl 84,9), vou para saber o que o Senhor vai me dizer e o que quer de mim. Além disso, é necessário que tenha uma vontade decidida de obedecer a Deus e seguir a vocação que Deus lhe manifestará, sem restrições. Também é necessário que reze sem cessar ao Senhor para que lhe faça conhecer a sua vontade sobre o estado em que o quer. Saiba, porém, que para alcançar essa luz, é preciso que reze com abertura.

Quem reza a Deus para iluminá-lo sobre o seu estado de vida, mas reza sem abertura, ao contrário de estar se conformando com a vontade divina, quer muito mais que Deus se conforme com a sua própria vontade. Tal pessoa é semelhante a um marinheiro que finge querer que o navio acerte o rumo, mas na verdade não quer, pois, ao mesmo tempo em que lança a âncora ao mar, hasteia também as velas: o Senhor não concederá suas luzes a essa pessoa, nem falará com ela. Mas, se você suplicar com abertura e decisão de seguir a vontade divina, Deus lhe fará conhecer claramente qual o melhor estado de vida para você. E se acontecer que coloque resistências, tenha diante dos olhos a hora da morte, pense naquele momento e na escolha que queria ter feito no passado. E faça.

14. DEIXAR AS DISTRAÇÕES DO LADO DE FORA

Leve junto com você, para a casa de retiros, um livro de meditações que costumam ser usadas nos retiros, e essas meditações que você ler servirão como conferências. Medite sobre elas por meia hora cada vez, de manhã e de tarde. Também leve alguma vida dos santos ou outro livro espiritual para fazer a leitura. Serão esses os seus únicos companheiros no recolhimento por aqueles oito dias. É necessário, ainda, para alcançar essa luz e ouvir o que o Senhor tem para lhe dizer, que você afaste as distrações: Parai e vede que eu sou Deus (Sl 45,11). Para conhecer o chamado de Deus é necessário desvencilhar-se das relações com o mundo. Nenhum doente tira proveito dos remédios se não tomar com os devidos cuidados, como fugir das correntes de ar, da comida prejudicial, do excesso de trabalho mental. Da mesma forma, para que o retiro espiritual seja útil para a salvação da alma, é necessá-

ções nocivas, como o receber visitas de amigos ou recados de fora ou cartas mandadas para você. Quando São Francisco de Sales estava no retiro espiritual tinha o costume de deixar de lado as cartas que recebia e não lê-las antes de terminar o retiro. Também é necessário deixar de ler livros de curiosidades e, mesmo, livros de estudo, pois é a hora de estudar apenas o crucificado. Por isso, não tenha no seu quarto outros livros que não sejam de espiritualidade e, quando os ler, não leia por curiosidade, mas só com o objetivo de que o ajudem a escolher o estado de vida que Deus quer que você escolha, como ele revelará.

15. "MOSTRA-ME, SENHOR, OS TEUS CAMINHOS"

E não basta só tirar as distrações que vêm de fora, também é necessário remover as distrações que vêm de dentro: pois se você ficar pensando de propósito sobre coisas do mundo, de estudo ou outras, pouca utilidade terá o retiro espiritual em recolhimento. Diz São Gregório: *Qual a utilidade da solidão do corpo quando não há a solidão do coração? (Mor. sobre o Livro de Jó, cap. 12)*. Pedro Ortiz, ministro de Carlos V, certa vez foi até o mosteiro de Montecassino para fazer o retiro. Quando chegou na porta do mosteiro, disse aos seus pensamentos aquilo que disse o nosso Salvador aos seus discípulos: *Assentai-vos aqui, enquanto eu vou acolá, e faço oração* (Mt 26,36): pensamentos do mundo fiquem aqui fora, pois quando eu terminar o retiro vamos nos ver de novo e conversar. Enquanto estiver no retiro espiritual é preciso utilizar o tempo apenas para o bem da alma, sem perder um só momento.

Por último, peço que quando você estiver no retiro espiritual, faça esta breve oração que vou colocar aqui embaixo:

"Meu Deus, eu sou aquele miserável que vos desprezou no passado, mas agora vos estimo e amo acima de todas as coisas e não quero amar outro que não seja a vós. Vós me quereis todo para vós e eu quero ser todo vosso. *Falai, Senhor, que o vosso servo escuta*: fazei-me conhecer o que quereis de mim, pois quero fazer tudo o que quiserdes; e fazei-me de modo especial reconhecer em qual estado de vida quereis que eu vos sirva: *Fazei-me conhecer a estrada em que quereis que eu caminhe.*"

Durante o retiro, recomende-se de modo especial à Mãe de Deus, pedindo a ela que lhe alcance a graça de cumprir perfeitamente a vontade de seu Filho. E não se esqueça, também, quando estiver fazendo o retiro, de pedir a Jesus Cristo por mim, pois eu, da minha parte, não deixarei de fazê-lo muito especialmente por você, para que o Senhor lhe faça santo, como é meu desejo. E com isso me despeço.